Made in the USA
Middletown, DE
29 January 2023

23463877R00066